Couverture inférieure manquante

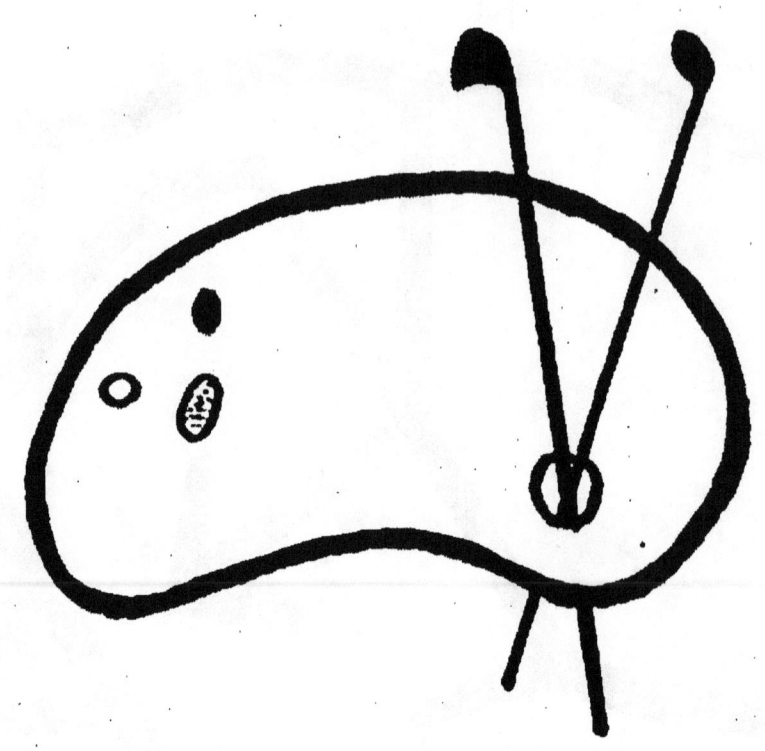

DEBUT D'UNE SERIE DE DOCUMENTS EN COULEUR

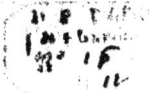

ESQUISSE
DE LA
GÉOGRAPHIE ET DE LA GÉOLOGIE
DES MONTAGNES DE L'HIMALAYA ET DU THIBET

PAR

Le Colonel S. G. BURRARD, R. E., F. R. S.,
Superintendant des Trigonometrical Surveys.

ET

H. H. HAYDEN, B. A., F. G. S.,
Superintendant du Geological Survey of India.

PUBLIÉE PAR L'ORDRE DU GOUVERNEMENT DE L'INDE

TRADUITE ET RÉSUMÉE

Par le vicomte François de SALIGNAC FÉNELON
Membre du Club Alpin Français.

TOULOUSE
IMPRIMERIE ET LIBRAIRIE ÉDOUARD PRIVAT
14, RUE DES ARTS, 14 (Square du Musée).

1911

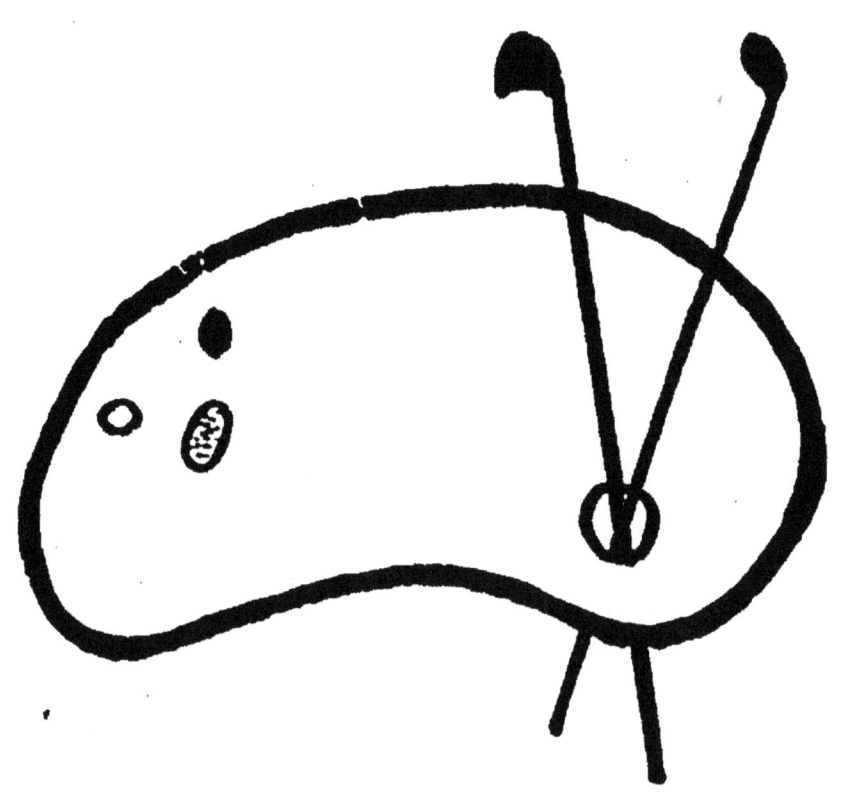

FIN D'UNE SERIE DE DOCUMENTS EN COULEUR

ESQUISSE

DE LA

GÉOGRAPHIE ET DE LA GÉOLOGIE

DES MONTAGNES DE L'HIMALAYA ET DU THIBET

ESQUISSE

DE LA

GÉOGRAPHIE ET DE LA GÉOLOGIE

DES MONTAGNES DE L'HIMALAYA ET DU THIBET

PAR

Le Colonel S. G. BURRARD, R. E., F. R. S.,
Superintendant des Trigonometrical Surveys,

ET

H. H. HAYDEN, B. A., F. G. S.,
Superintendant du Geological Survey of India,

PUBLIÉE PAR L'ORDRE DU GOUVERNEMENT DE L'INDE

TRADUITE ET RÉSUMÉE

Par le vicomte François de SALIGNAC FÉNELON
Membre du Club Alpin Français.

TOULOUSE
IMPRIMERIE ET LIBRAIRIE ÉDOUARD PRIVAT
14, RUE DES ARTS, 14 (Square du Musée).

1911

INTRODUCTION

Ce résumé des quatre parties, publiées en quatre fascicules in-folio, à Calcutta, en 1907-1908, est destiné à faire connaître les méthodes et principes généraux appliqués à l'étude et à l'exploration scientifique des chaînes de l'Himalaya et de l'Asie centrale ou Haute-Asie.

Il ne renferme ni l'énumération complète des Pics, ni la description entière des Chaînes, ni le cours détaillé des Rivières, ni toute la série des Terrains géologiques.

Dans la publication originale sont contenues des Tables, des Cartes géographiques ou schématiques locales des diverses parties de l'Himalaya ou du Thibet, et une grande Carte géologique présentant la distribution actuellement connue des couches géologiques de l'Himalaya et du Thibet.

Août 1911.

ESQUISSE
DE
LA GÉOGRAPHIE ET DE LA GÉOLOGIE
DES MONTAGNES DE L'HIMALAYA ET DU THIBET

PARTIE I
Les Hauts Pics de l'Asie.

1. Les Pics principaux et leurs altitudes.

Grande chaîne de l'Himalaya divisée en quatre sections :
    (i) L'Himalaya du Punjab, de l'Indus au Sutlej.
    (ii) L'Himalaya du Kumaun, du Sutlej au Kali.
    (iii) L'Himalaya du Népal, du Kali à la Tista.
    (iv) L'Himalaya de l'Assam, de la Tista au Brahmaputra.

2. Notes sur certains des grands Pics.

3. Sur les noms de certains Pics.

Le système de Montgomerie, numérotant les pics d'une région telle que le Karakoram : on peut tracer des constellations rectangulaires limitées par les méridiens et les parallèles. Les hauteurs des pics de l'Asie, jusqu'à un certain point, doivent être admises comme équivalents de leur noms, et conservées jusqu'à une revision importante ou périodique.

Le mont Everest, appelé Devadhunga par Hodgson (peut-être appellation mythologique de la chaîne dans le Népal), Gaurisankar (pic différent, xx du Survey), Jhomogangar ou Chomokankar, par Kishen Singh (pic dans le Thibet au nord-est du mont Everest, Chomo Lungmo), K^2 du Karakoram, numéroté de l'Est à l'Ouest, Kinchinjunga au lieu de Kanchenjunga, Léo Pargial au lieu de Rio Pórgyul, sont des noms adoptés par la tradition officielle, à conserver.

4. Sur les erreurs des valeurs adoptées de hauteur.

Erreurs d'observation et de hauteur de station.

Le niveau moyen de la neige recouvrant les pics devra être adopté. A cause de la déviation de la force de gravité de la normale, tous les angles des pics de l'Himalaya mesurés de la plaine de l'Inde sont trop petits. Les déflexions du fil à plomb se neutralisent, peut-on croire, dans leurs variations. Le niveau réel est la surface locale actuelle de l'eau (océans, lacs ou niveaux liquides) quoique déformée par rapport au sphéroïde.

Le plan horizontal est le plan tangentiel à cette surface, et la perpendiculaire à ce plan est la verticale ou direction de la pesanteur ou gravité. Le plan tangentiel est le plan tangentiel à la surface moyenne du sphéroïde; la perpendiculaire à ce plan est la normale ou perpendiculaire à la surface générale de la terre.

La réfraction atmosphérique est une autre cause d'erreur, parce que la courbure du rayon lumineux varie avec la densité de l'atmosphère.

Quelles que soient ces erreurs, possibles ou même probables, les altitudes obtenues par les observations méthodiques doivent être conservées.

De longues observations peuvent seules rendre sensible la continuité de l'élévation actuelle de l'Himalaya vers une altitude plus grande, surtout celle des Siwaliks, de date géologique plus récente.

5. Sur la fréquence avec laquelle des Pics d'une certaine hauteur tendent à se rencontrer.

Les pics nommés dans les tables sont tous au-dessus de 24.000 pieds anglais ou 7.200 mètres, mais l'étendue de la région de montagnes oblige à tenir compte des pics inférieurs, soit supérieurs à 20.000 pieds anglais, ou 6.000 mètres.

La neige s'accumule jusqu'à un certain maximum qui se produit à une altitude variable, dépendant des conditions météorologiques, et de la forme des pics eux-mêmes, permettant une accumulation plus ou moins considérable de neiges éternelles.

La hauteur du sommet rocheux d'un pic est la résultante de deux forces : (i) la force de compression qui a élevé la chaîne, (ii) la force d'érosion qui abaisse la chaîne. Ce sommet rocheux est lui-même recouvert d'une quantité inconnue de neige. Si l'on élimine cette couverture neigeuse comme insignifiante, il y a lieu d'admettre que l'action combinée de ces deux forces a tendu à produire, en Asie, un nombre exceptionnel de pics atteignant l'altitude de 25.000 pieds anglais = 7.500 mètres.

6. Sur la distribution géographique des grands Pics.

Au point de vue de l'importance régionale des pics de montagnes, quelle que soit leur altitude absolue, ils peuvent être divisés en quatre classes.

(i) Le principal d'un groupe, comme Everest (29.000 p. a. = 8.700 m.) ou Tirich Mir (25.426 p. a. = 7.620 m.).

(ii) Le jumeau du pic principal, comme Kinchinjunga et Mer, situé dans l'étroite proximité de celui-ci et rivalisant d'altitude.

(iii) Le compagnon, comme Makalu ou Gasherbrum, situé dans le voisinage du principal, inférieur, peut-être, de 1.000 p. a. = 300 m. ou 2.000 p. a. = 600 m.

(iv) Le satellite, tel que Jano ou Kabru, inférieur au principal de 3.000 p. a. = 900 m. ou 4.000 p. a. = 1.200 m.

Sur les 75 grands pics de l'Asie, au-dessus de 24.000 p. a. = 7.200 m., 42 appartiennent au système de l'Himalaya et se partagent, de l'est à l'ouest, entre les groupes de Kulha Kangri, Kinchinjunga, Everest, Gosainthan, v, vi, vii, Dhaulagiri, Kumaun, Kashmir.

33 grands pics sont placés au nord de l'Indus, et peuvent être regardés comme appartenant au système du Karakoram; ce sont les groupes de Shyok Nubra, xii, xiii, (Karakoram), Kunjut, Hunza Kunji, Tirich Mir, Kashgar, Kuen Lun.

7. La géologie des grands Pics.

La plupart des grands pics au-dessus de 25.000 pieds ou 7.500 mètres sont composés de granit, de gneiss et de roches cristallines associées à ces deux types.

Les deux variétés de granit à feuillets et biotite, et de granit non foliacé plus récent avec muscovite (mica blanc) et tourmaline, y sont représentées. La plus grande résistance du granit aux forces atmosphériques et la présence des aires de plus grande élévation expliquent cette formation, observée dans toutes les régions accessibles. Les lignes de crêtes joignant les pics sont formées des mêmes éléments, de même que les parties inférieures de ces zones de plus grandes élévations, qui constituent les axes des grandes chaînes, les sommets ayant résisté davantage contre les agents de désintégration atmosphérique. Les groupes ou amas de pics ont donc eu pour origine probable l'éruption sur certains points et dans certaines directions des masses de granit, d'abord surélevées en dômes, et ensuite creusées par l'érosion. Ce mouvement d'élévation générale paraît s'être prolongé jusqu'à une époque récente, et les troubles sismiques montrent que les Himalayas sont loin d'avoir atteint une période même relative de repos.

PARTIE II

Les principales Chaînes de Montagnes de l'Asie.

8. Sur l'origine des Chaînes de Montagnes.

La surface de l'Asie centrale consiste en une double élévation de la terre ou croûte terrestre, séparées par une dépression en forme d'auge ou de cuvette; celle du sud est le plateau du Thibet, celle du nord est la chaîne du Tian Shan : la dépression intermédiaire est le bassin du Tarim. Une autre dépression semblable sépare le plateau du Thibet, au sud, des anciens monts Vindhya. Cette dépression alluviale constitue la plaine du nord de l'Inde.

Les forces qui ont élevé les chaines de montagnes sont : *a*) la contraction de la terre et son extension correspondante, difficiles à mesurer; *b*) la perturbation de l'équilibre des masses terrestres entre les fonds des mers et l'élévation des chaînes, sans expliquer la transformation des aires marines en régions continentales; enfin, *c*) la variation ou diminution de la vitesse de rotation de la terre.

9. Observations du fil à plomb et du pendule.

Les différences angulaires du fil à plomb et celles des oscillations du pendule, près de la grande chaîne et à 150 milles = 240 kilomètres du pied des montagnes, paraissent causées par la présence d'une chaîne sous-terrestre de grande densité, suivant les contours généraux, à distance, de la chaîne himalayenne principale qui lui correspond, en tant que ligne de densité dépassant la moyenne. La déviation du fil à plomb marque l'attraction horizontale ou direction; celle du pendule indique l'attraction verticale ou l'intensité.

10. L'Himalaya tel qu'il est représenté sur les cartes.

Les principales rivières de l'Himalaya tendent à couler dans une direction perpendiculaire aux grandes chaînes, qui sont parallèles et continues entre elles. Les points les plus élevés d'une région et leurs alignements en zones étroites doivent figurer les axes des chaînes de montagnes.

11. La controverse Hodgsonienne.

Les grands pics de l'Himalaya sont tous situés dans la zone de crêtes de la grande chaîne, bien que celle-ci soit, en général, séparée de la chaîne du Thibet par une cuvette profonde, et qu'elle ne soit pas la ligne de partage des eaux. La ligne de partage des eaux, entre le Gange et le Brahmaputra, est située dans la zone de crêtes suivant l'érosion des vallées par les glaciers. Les rivières qui franchissent la grande chaîne ont eu leurs cours barrés par les soulèvements plus récents des avant-chaînes. Dans les Alpes aussi, la ligne de séparation des bassins se trouve dans la zone de crêtes de la chaîne principale, qui est unique.

12. Les Hauts Plateaux de l'Asie.

Les trois plateaux du Thibet — hauteur moyenne : 15.000 p. a. = 4.500 m., — des Pamirs au nord-ouest, — hauteur : 12.000 p. a. = 3.600 m., — et du Tian Shan, — hauteur : 11.000 p. a. = 3.300 m., — affectent la forme générale d'un fer à cheval; au sud-ouest, les chaînes du Karakoram et de l'Hindu Kush se courbent, suivant une ligne parallèle, et montrent, comme les observations du pendule, l'existence d'une masse sous-terrestre dans les plaines du Punjab, qui s'est opposée à la pression des couches de l'écorce ou de la masse terrestre venant du Nord.

Les cuvettes et plaines d'alluvions remplissant l'intervalle des chaînes de ces plateaux et renfermant des ossements fossiles d'animaux des pays chauds jusqu'à 17.000 p. a. = 5.100 m., ainsi que des roches roulées et des graviers, prouvent la différence de climats relativement récents qui ont régné dans ces régions, et leur comblement par des poussières, des détritus de roches et des avalanches de boues glaciaires.

Du Lob Nor, partie inférieure du Tarim, à 2.200 p. a. = 660 mètres, au désert de Gobi, existe une différence de niveau de 2.000 p. a. = 600 mètres.

13. Les principales Chaînes de Montagnes de l'Asie.

Les chaînes sont des traits de structure originelle, bien que modifiés par la dénudation. Les arêtes sont produites par la seule érosion. La longueur constitue une chaîne, mais elle ne suffit pas à la caractériser comme une arête formée par l'érosion d'une masse plus ancienne.

Les chaînes de l'Asie centrale paraissent appartenir toutes au même système : ainsi le Kailas, le Ladak, le grand et le petit Himalaya et la chaîne du Siwalik changent tous ensemble de direction en restant parallèles.

Elles peuvent se diviser en chaînes de première à septième grandeur, suivant qu'elles portent un nombre considérable de pics dépassant 3.000 p. a. = 900 m., 7.000 p. a. = 2.100 m., 11.000 p. a. = 3.300 m., 15.000 p. a. = 4.500 m., 19.000 p. a. = 5.700 m., 22.000 p. a. = 6.600 m., 25.000 p. a. = 7.500 m.

14. Les Chaînes de l'Himalaya.

(i) Le grand Himalaya;
(ii) Le petit Himalaya;
(iii) Les chaînes des Siwaliks.

Cinq zones parallèles : zone extérieure du Siwalik de 5 à 30 milles de largeur; deuxième zone, de 40 à 50 milles, chaînes longitudinales dans le Punjab et le Népal, dans le Kumaun, pics de 6.000 à 10.000 p. a. = 1.800 m. à 3.000 m.; troisième zone, large de 10 milles, chaînons sud de la grande chaîne ou contreforts, quelques pics dépassant 15.000 p. a. = 4.500 m.; quatrième zone, 15 milles de largeur, grande ligne des pics neigeux, hauteur moyenne dépassant 20.000 p. a. = 6.000 m.; à part les ravins des rivières, elle est située au-dessus de la limite des neiges perpétuelles. Cette zone, s'élevant comme un mur de neige abrupt, fut appelé Himalaya par les Hindous qui l'apercevaient de la plaine de l'Inde; cinquième zone, large de 25 milles, celle des cuvettes des rivières prenant leur source derrière le grand Himalaya : altitude moyenne des cuvettes, 14.000 p. a. = 4.200 m., celle des pics 19.000 p. a. = 5.700 m.

Les chaînes couvertes de neiges perpétuelles et les altitudes dominantes se trouvent environ à 90 milles = 145 kilomètres de la base sud des montagnes.

Les passages ou cols de l'Himalaya, dans les termes Kotal de l'Afghanistan, et La du Thibet, signifient une ascension sur l'un des versants et une descente sur le versant opposé.

Le petit Himalaya se compose de chaînes intermédiaires occupant une largeur de 50 milles environ. Les unes sont des bifurcations des différents alignements de la grande chaîne elle-même dans une direction oblique :

La chaîne de Nag Tibba, près du pic de Dhaulagiri;
La chaîne de Dhauladhar, du pic de Badrinath;
La chaîne du Pir Panjal, de la rivière Sutlej;
La chaîne nord de Kashmir, près du Zoji La.

En direction parallèle à la grande chaîne :

La chaîne du Mahabarat, à l'ouest de l'arête de Singalila;
La chaîne du Mussoree, entre le Gange et le Sutlej;
Le Rattan Pir, au sud de Kashmir, flanquant le Pir Panjal.

Entre le Brahmapoutra et l'Indus, le grand et le petit Himalaya forment une muraille curvilinéaire de 1.600 milles = 2.720 kilomètres.

15. Les Chaînes du Thibet méridional.

La chaîne du Zaskar;
La chaîne du Ladak;
La chaîne du Kailas.

16. Le Karakoram et l'Hindu Kush.

17. Les Chaînes du Thibet septentrional et du Turkestan.

L'Aghil, le Kuen Lun et l'Altyn Tagh.
Les chaînes du Tian Shan.

18. Les Chaînes de l'intérieur du Thibet.

19. La limite de la neige perpétuelle.

La ligne de neige est la limite inférieure de la neige perpétuelle, au-dessous de laquelle la neige disparaît complètement un certain temps de l'année, bien qu'elle descende plus bas dans des ravins qui ne sont pas exposés aux rayons du soleil. Elle dépend de la température et des chutes de neige et, dans une moindre mesure, du vent; des chutes peu abondantes la relèvent, et l'on observe une température inférieure à la glace dans des régions à la limite de la neige perpétuelle. L'inégalité d'angle des rayons solaires rend cette limite plus basse du côté des montagnes qui regarde les pôles.

Dans l'Himalaya sud, la limite est plus élevée de 3.000 p. a. = 900 m. en moyenne; elle est la plus haute dans les montagnes du Thibet, dont le climat est extrêmement sec, et s'abaisse vers l'Afghanistan et la Chine, où les chutes de neiges sont abondantes.

Népal, 28° latitude sud.......	14.700 pieds anglais =	4.310 mètres.
Thibet sud-est, 29° sud......	13.000 — =	3.900 —
Kumaun, 30° 30' sud........	15.500 — =	4.650 —
— nord.......	18.500 — =	5.550 —
Limite de neige annuelle....	6.500 — =	1.950 —
1 an sur 10..............	5.000 — =	1.500 —
Minimas : deux par 1/2 siècle.	2.500 — =	750 à 720 m.
Punjab, 34° nord	17.000 — =	5.100 —

Punjab, 34° sud............	19.000 pieds anglais	= 5.700 mètres.
Zaskar, 34° sud............	20.000	—	= 6.000 —
— nord............	19.500	—	= 5.850 —
Ladak, près Leh, nord.......	18.500	—	= 5.550 —
— — sud.........	19.000	—	= 5.700 —
Kailas, 31° sud.............	19.500	—	= 5.850 —
Thibet occidental, 34°.......	20.000	—	= 6.000 —

Limite maxima en Asie centrale et autres continents.

Karakoram, 36° sud.........	18.500	—	= 5.550 —
— nord.........	18.500	—	= 5.550 —
— nord........	18.000	—	= 5.400 —
Tian Shan, 42° nord.........	11.000	—	= 3.300 —
Alaï, 40° nord..............	14.000	—	= 4.200 —
Pyrénées, 43°..............	8.500	—	= 2.550 —
Caucase, 43°...............	10.000	—	= 3.000 —
Alpes, 46°.................	8.500	—	= 2.550 —

Quelle est la mesure de variation des chutes de pluie ou de neige par rapport à l'altitude, et à quelle élévation se produit le maximum de précipitation?

Les chaînes extérieures de l'Himalaya interceptent une grande partie des pluies de l'Océan Indien, mais la neige de l'Himalaya prouve qu'il existe des courants de vapeurs à de grandes altitudes, arrêtées par la grande chaîne, et qui n'atteignent pas le Thibet, dont les eaux des lacs proviennent des neiges accumulées sur les chaînes, et descendant sous forme de glaciers.

PARTIE III

Les Rivières de l'Himalaya et du Thibet.

20. Le drainage des Plateaux.

(i) Les flancs ou versants nord du Tian Shan sont drainés par de petites rivières coulant à l'est dans les lacs de Mongolie, et à l'ouest dans le lac Balkash.

(ii) Les parties ouest du Tian Shan sont drainées par le Jaxartes (Syr Daria) et le flanc ouest du plateau du Pamir par l'Oxus (Amu Daria). Le Jaxartes et l'Oxus écoulent leurs eaux dans une dépression de l'Asie centrale, et forment la mer d'Aral.

(iii) L'Helmund, drainant les parties ouest de l'Hindu Kush, est arrêtée sur la frontière de l'Afghanistan et de la Perse par une petite chaîne de collines, et, forcée de se déverser dans un bassin fermé désertique, forme la lagune de Séistan.

(iv) Les tributaires de l'Indus drainent les versants des chaînes sud de l'Hindu Kush et du Karakoram, ainsi que les flancs nord et sud de l'Himalaya du Punjab.

(v) Les tributaires du Gange et du Brahmapoutra écoulent toute l'eau et la neige qui tombent sur l'Himalaya de Kumaun, de Népal et d'Assam.

(vi) L'Irrawaddy, le Salween et le Mékong drainent les parties sud-est du Thibet et coulent, les deux premiers dans le Golfe ou Baie du Bengale, le dernier dans l'Océan Pacifique.

(vii) Le Yangtze et le Hoang Ho drainent le Thibet oriental, et coulent à travers la Chine dans l'Océan Pacifique.

(viii) Les rivières du système du Tarim drainent l'intérieur du fer à cheval que forme ce bassin, et déversent leurs eaux dans la lagune peu profonde du Lob Nor.

(ix) Les rivières du Thibet central s'écoulent dans l'un ou l'autre des lacs nombreux du Thibet, et n'ont pas de déversoir dans la mer.

Les lignes primaires de séparation des eaux.

Le bassin du Tarim est situé entre le plateau du Thibet et le Tian Shan.

(i) Rivières prenant leur source dans les montagnes du Tian Shan : le Sarijati.

(ii) Rivières drainant la cuvette entre les chaînes du Sarikol et du Kashgar : a) Ulu-Art (ou Yanymya ou Muji; b) la rivière de Tashkurgan.

(iii) Rivière de Yarkand (Raskam Darya ou Zarafshan dans les montagnes) drainant les eaux entre le Karakoram et l'Aghil, par son tributaire, l'Oprang, et la cuvette entre Aghil et Kuen Lun, par le Raskam Darya.

(iv) Le Karakash et le Kiria, drainant le flanc sud des Kuen Lun, et le Yurangkash, leur flanc nord, forment la rivière de Khotan.

Le Jaxartes draine les eaux des parties ouest du Tian Shan et l'Oxus le plateau du Pamir; leur bassin est séparé par la chaîne du Sarikol.

L'Indus réunit les affluents : Arkari et autres rivières à l'est, de la cuvette formée par les deux chaînes parallèles de l'Hindu Kush (ou peut-être du Kailas prolongé jusqu'à Tirich Mir) dont les eaux vont alternativement à l'Indus, à l'Oxus, ou à la rivière du Hari Rud ou de l'Helmund, à l'ouest.

Affluents de l'Indus : la Kunar, le Gilgit, la Hunza, le Shyok; la séparation des bassins est par endroits sur les plateaux.

Entre la chaîne d'Aling Kangri et celle de Kailas, le bassin du Thibet est divisé de celui de l'Indus.

La chaîne du grand Himalaya, des pics de Badrinath-Gangotri à celui de Nanga Parbat sépare les bassins de l'Indus au nord de ceux du Jehlum et du Chenab au sud; aux pics de Nun Kun et au glacier de Rupal, cette ligne de séparation est sinueuse et paraît se déplacer, partiellement, vers le versant indien, quoique les précipitations soient plus abondantes et les pentes plus abruptes sur ce versant.

Le bassin des lacs Manasarowar fait partie de celui du Sutlej et du Spiti. Le Gange et le Kali prennent leur source au nord du grand Himalaya : leur bassin est limité par la chaîne du Zaskar; le Sutlej et le Karnali, nord-ouest et sud-est, drainent la cuvette entre le Zaskar et la chaîne du Ladak, et leurs bassins se touchent dans les plaines du Thibet.

A l'est de Nampa, le Zaskar n'existe plus : la ligne de séparation des eaux, parallèle à la grande chaîne, paraît indiquer que la première suit un axe d'élévation primitive.

Près du Chumalhari, la grande chaîne devient, sur une courte distance, la ligne divisoire des eaux entre l'Inde et le Brahmaputra en Thibet. Cette ligne était la chaîne du Ladak, entre le Gange du Bengale et le Brahmaputra; à ce point, la rivière Nyang traverse le Ladak et coule vers le nord. La ligne de séparation entre les bassins de l'Inde et du Thibet est formée, par endroits, par la chaîne du Kailas; mais de nombreux affluents du Brahmaputra ou Sangpo de Thibet la traversent, venant du nord; leurs bassins n'appartiennent pas au Thibet, mais au Brahmaputra.

Le plateau du Thibet renferme, en outre du bassin lacustre du Thibet formant une partie compacte sans déversoir vers les mers, les vallées supérieures de l'Indus, du Yangtze, du Hoang Ho, du Salween et du Brahmaputra, ainsi que les plaines extérieures et inférieures d'altitude au bassin du Thibet, de Tsaidam et de Koko Nor, faisant partie de la région des lacs mongoliens, et voisins de la Mongolie ou désert de Gobi. La forme de ce plateau thibétain est déterminée par les longitudes suivantes : lac Pangong, le plus occidental, à l'extrême ouest, longitude, 80°; Nam Tso (Tengri Nor), lac à l'angle sud-est du bassin lacustre du Thibet, longitude, 90°; Koko Nor, lac à l'angle nord-est extrême du plateau du Thibet, longitude, 100°.

Le bassin fermé de Tsaidam est en contact avec le bassin fermé du Thibet (Tarim et lacustre) d'une part, et celui de Koko Nor, d'autre part; tous trois encerclent le Yangtze et le Hoang Ho supérieurs.

La chaîne des Kuen Lun forme la limite nord-est du bassin des lacs du Thibet; les cuvettes longitudinales de ses plis, en général, et celles de ce bassin renferment des séries de lacs où se déversent de nombreuses rivières; elle sépare Tarim et Tsaidam du Thibet lacustre; les bassins du Yangtze et du Hoang Ho séparent Koko Nor du Thibet (bassin lacustre et hautes vallées méridionales).

L'Irrawaddy, dont le volume d'eau est immense dans la Birmanie du nord, n'a pas encore de source certaine; ses affluents ne dépasseraient pas 28° 30' de latitude; le Salween quitte le plateau à 26°. Le Salween (Lu ou Nu Chu (Giama), Targott ou Shyal, Neg Chu Ka), sous différents noms au Thibet, et le Mékong (Chiamdo Chu, Da Chu, Nam Chu), se suivent vers le Nord, leurs vallées étant parallèles et voisines, et semblant descendre, soit de chaînes prolongeant l'Himalaya à l'est, soit d'autres chaînes continuant au nord-est; leurs volumes ont été évalués dans le rapport de un à trois, et avec l'Irrawaddy, à neuf.

Le Yangtze est la plus grande rivière d'Asie; elle a trois mille (3.000) milles de longueur = 4.830 kilomètres, et est navigable sur un cinquième de ce cours. Sa source est dans le Thibet oriental, à l'ouest du méridien de 90°, plus à l'ouest que le Hoang Ho et les deux rivières précédentes; il est appelé Di Chu, Dre Chu, Ndu Chu, Murui Ussu. Il coule d'abord au nord, entre deux chaînes dont l'axe est à angle droit de l'Himalaya.

Le dernier nom est celui de l'affluent du Yangtze prenant sa source dans un lac à l'ouest, dans la chaîne de Tangla. L'autre affluent est appelé Napchitai-ulai-muren, et descend des Kuen Lun au nord. La chaîne de Tangla sépare les bassins du Yangtze et du Salween, la chaîne de Baian Kara Ula sépare ceux du Yangtze et du Hoang Ho; elle continue les Kokoshili du Thibet.

Le Hoang Ho prend sa source entre les chaînes du Baian Kara Ula au sud, et la chaîne de Shuga, qui le sépare de la dépression de Tsaidam au nord; il passe dans les grands lacs thibetains de Tsoring et Oring et le long des montagnes neigeuses d'Amneh Machin, et traverse la chaîne des Kuen Lun, prolongeant peut-être les Shuga.

Ses affluents drainent les versants extérieurs des montagnes peu élevées qui entourent le grand lac de Koko Nor. Il est appelé Ma Chu en Thibet.

21. Les Rivières himalayennes. — Introduction.

La plupart des rivières de l'Himalaya varient dans la proportion d'un minimum à un maximum cent fois plus considérable. L'Indus varie de 9.000 p. a. cubes à un million. Les variations diurnes, annuelles suivant la saison, et de longue période, doivent être mesurées systématiquement pour comparer le débit de ces rivières :

1° Pour la nomenclature, éviter de donner de nombreux noms alternatifs à une même rivière ; 2° éviter l'emploi d'un même nom pour plusieurs cours d'eau différents.

Les noms du Népal ont même origine sanscrite, en partie, que l'hébreu et le grec, par exemple : *sapti*, sept ; *hepta*, *sheba*, *shibha*, *Sapt-Gandaki*, *Sapt-Cousika*, les sept affluents qui forment le Gandak, la Kosi.

Beas ou Beyah, Vipasi (sanscr.), Hyphasis ; Ravi, Irarati (sanscr.), Hyaraotes ; Chenab, Asikni (sanscr.), Acesines ; Jhelum, Hydaspes ; Jumna, Jamuna, Saraswati.

Ils ont une ressemblance de famille avec des noms basques et celtiques (1).

22. Les Rivières de l'Himalaya de Kumaun.

La Jumna ; affluents : le Tous, le Giri, le Ghaggar.

Le Gange ; affluents : l'Alaknanda, le Dhauli, la Vishnuganga, le Pindar, le Baghirathi, le Jahnavi, le Behling, la Kaliganga ou Mandakiri.

Une rivière alimentée par un grand nombre de glaciers ne peut être attribuée à une source déterminée.

La source la plus importante en volume est la véritable. La source la plus éloignée de l'embouchure d'une rivière n'est plus la source principale, si elle n'est aussi la plus forte.

Dans l'Himalaya, le creusement des rivières principales est d'ordinaire plus avancé que celui des affluents latéraux, sauf à donner pour cause à cette différence l'action glaciaire dans les cours d'eau supérieurs.

La Ramganga ; affluent principal : la Kosila ou petite Kosi.

Le Kali ou Sarda ; affluents : la Dharma, le Sissar, le Sarju.

Les chutes sont les précipitations verticales d'une grande rivière qui interrompent son cours. Les cascades sont dues à une différence de niveau entre un affluent latéral et le cours d'eau principal.

---

(1) Note du traducteur.

23. Les Rivières de l'Himalaya du Népal.

Le Karnali ou Kauriala ou Kurriali; principal tributaire, la Birehi, forment la Gogra.
Le Rapti.
Le Gandak : Kali Gandak, Buria Gandak, Trisuli Gandak, forment le Narayani.
La Kosi : Arun Kosi, Bhotia Kosi, Dudh Kosi, Tambar Kosi.

24. Les Rivières de l'Himalaya de l'Assam.

La Tista, en Sikkim.
Le Raidak et le Manas, en Bhutan; affluents : le Lobrak ou Lobra, l'Ammu ou Omchu (vallée de Chumbi).
Le Brahmaputra; affluents thibétains principaux :

      (i) Le Kyi ou rivière de Lhasa (la Charta);
      (ii) Le Nyang;
      (iii) Le Rang;
      (iv) Le Sang.

Le Dihang, en Assam et Bhutan : affluents : le Subansiri, le Zayul.
Le coude des rivières traversant une chaîne en voie d'élévation marque leur arrêt momentané pendant l'élévation géologique de la chaîne.
Une rivière principale reçoit presque toujours un large affluent au point où elle traverse une chaîne de montagnes, et à proximité d'un pic de grande altitude ou culminant dans la région. La rivière la moins ancienne est celle qui reçoit le moins d'affluents dans un bassin de région inférieure.
Un bassin est l'ensemble d'une contrée drainée par une rivière et par ses tributaires, non seulement sous forme de courants perpétuels, mais encore de pluies et d'eaux de crues, même par un cours d'infiltration souterraine.

25. Les Rivières de l'Himalaya du Punjab.

Le Sutlej ou Suthlada; affluent : le Spiti.
Le Beas.
Le Ravi.
Le Chenab, ou Chandra Bhaga.
Le Jhelum (Vedesta, sanscr.) ou Behat; affluents : la Kishanganga et la Kunhar.

26. L'Indus ou Sind.

Principaux affluents :

(i) Le Singhgi, branche orientale de l'Indus; Garjung ou Gartang, branche occidentale.
(ii) Le Zaskar;
(iii) Le Dras; le Suru, sous-affluent;
(iv) Le Shyok; sous-affluent, la Nubra;
(v) La Shigar du Nord;
(vi) Le Gilgit, et la Hunza sa branche orientale;
(vii) Le Kabul; sous-affluent, le Pangshir; il reçoit les rivières du Kafiristan, de Chitral et de Swat, et la Kunar, appelée Mastuj dans son cours supérieur.

27. Les Rivières de l'Himalaya. — Résumé.

Sur la direction du cours des rivières dans les cuvettes de structure géologique de l'Himalaya.

Les rivières coulant dans les cuvettes de l'Himalaya du Punjab suivent régulièrement une direction nord-ouest; le Spiti est une exception importante. Dans l'Himalaya de Népal et d'Assam, sauf le Birehi, affluent du Karnali, leur cours est dirigé vers l'est.

Dans l'Himalaya de Kumaun, entre le Punjab et le Népal, cette direction est moins constante; le Baghirathi, dans le bassin situé derrière le grand Himalaya, coule au nord-ouest : dans le bassin en arrière du petit Himalaya, l'Alaknanda prend une direction parallèle; mais leur cours, en général, ne se conforme pas à celui des rivières du Punjab.

Il est possible que le cours des rivières coulant au nord-ouest ait été déterminé par les chaînes bifurquant du grand Himalaya : le Chenab, le Ravi, la Kishanganga et le Jhelum prennent leur source dans les angles aigus formés par ces chaînes détachées de la principale. Cependant le Sutlej a traversé les unes et les autres et n'a pas été détourné par les dernières.

Cette direction du cours des rivières justifie peut-être la conclusion que les altitudes de l'Himalaya de Kumaun et du bassin du lac Manasarowar ont été augmentées dans un âge récent, et l'élévation de cette partie centrale des montagnes a aidé à déterminer le sens des cours d'eau dans les cuvettes ou bassins latéraux. Les positions relatives de Nanda Devi, Gurla Mandhata, Kamet et Kailas, donnent l'idée d'une poussée du côté du Punjab et du Népal qui a surélevé à une époque récente les montagnes déjà dominantes de Kumaun le long d'une zone transversale à la chaîne.

Les rivières du système de l'Indus, parvenues dans la plaine, s'éloignent des montagnes ; celles qui font partie du système du Gange se détournent au sud-est et tendent à suivre un cours parallèle à l'Himalaya.

Sur les pentes des lits des rivières.

La pente d'une rivière de l'Himalaya diffère tellement en divers points de son cours qu'une moyenne générale prise sur sa longueur est dépourvue de valeur.

Lorsqu'une rivière descend d'une chaîne unique de montagnes, sa pente tend à décroître graduellement jusqu'à son embouchure, — à moins qu'elle ne traverse des barrières rocheuses ayant une force de résistance inégale à l'érosion.

La première partie de son cours est torrentielle, la dernière est paresseuse et lente.

Mais si une rivière traverse plusieurs rangées parallèles de montagnes, comme dans l'Himalaya, le courant se trouve contenu, dans l'intervalle des chutes de niveau successives, dans des cuvettes structurales relativement horizontales entre deux chaînes. La vitesse de son courant est ralentie, et la rivière, déposant le gravier et les matières terreuses, se forme un lit plat et découvert.

Pendant des milles, sa pente est de 5 ou 10, ou 20 p. a. par mille ; puis, franchissant l'une des chaînes qui lui barrent le passage, elle descend à la cuvette suivante par une chute de 100 ou 200 p. a. par mille.

Les niveaux des différentes cuvettes de l'Himalaya se trouvent à des altitudes différentes au-dessus de la mer, difficiles à calculer, parce que ce niveau, d'abord uniforme, a été creusé et modifié par le courant de la rivière.

Les altitudes indiquées ne peuvent donc être regardées que comme des moyennes approximatives.

Il varie de 12.000 p. a. = 3.600 m. (Brahmaputra) et 15.000 p. a. = 4.500 m. (Manasarowar) entre le Kailas et le Ladak, à 13.000 p. a. = 3.900 m. (Arun) entre le Ladak et le grand Himalaya, à 5.300 p. a. = 1.580 m. et 3.000 p. a. = 900 m. (Kashmir) (Sun Kosi et Pindar) entre le grand et le petit Himalaya, à 1.500 p. a. = 450 m. (Ramganga) et 2.000 p. a. = 600 m. (Dehra Dun) entre le petit Himalaya et le Siwalik, à 600 p. a. = 180 m. (vis-à-vis le Népal), 850 p. a. = 255 m. (vis-à-vis le Kumaun), et 900 p. a. = 270 (vis-à-vis le Punjab), niveau des plaines au pied de la chaîne des Siwaliks.

La distance ou éloignement de la source d'une rivière, et la plus ou moins grande sinuosité de son cours, d'autre part, influent sur la pente d'une rivière.

La hauteur de la source d'une rivière dans les montagnes ne peut être fixée que par approximation. La partie inférieure d'un glacier montre le premier courant d'eau, mais ce n'est pas la source véritable. La neige qui existe sur les pics les plus élevés peut descendre en formant partie du glacier jusqu'à la rivière.

Positions des sources des principales rivières himalayennes.
Variations des pentes des rivières.

Les rivières augmentent rapidement leur pente, à l'entrée de leur traversée de la grande chaîne, non en franchissant son axe de plus grande élévation.

Maximum de pentes des montagnes observées dans l'Himalaya : 13.932 p. a. = 4.180 m. entre les pics de Jano et de Kambachen et un point situé à 5 milles = 8 k. 500 m. : 2.786 p. a. = 835^{m}80 par mille (= 1.609 m.); angle = 1 : 1.8.

Mont Blanc à Chamonix : 2.464 p. a. par mille = 739^{m}20; angle = 1 : 2.1.

Monte Rosa à Macugnaga, angle plus considérable que les précédents.

Dans les bassins du Dhauli et du Kali, exemples de dénivellement de 7.000 p. a. = 2.100 m. et 8.000 p. a. = 2.400 m. par mille. Dans le Karakoram, entre K^2 et le lit de l'Oprang, affluent de la rivière de Yarkand, se trouve une différence de niveau de 3.000 p. a. = 900 m. sur 5 milles, et du pic d'Haramosh au lit de l'Indus, de 2.350 p. a. = 704^{m}66 pour 8 milles; dans le petit Himalaya, il est rare de trouver des exemples de 1.500 p. a. = 450 m. par mille de distance horizontale.

28. Les Gorges des Rivières de l'Himalaya.

Leur origine diverse a pour cause générale l'érosion par les cours d'eau.

Le dénivellement varie, entre le fond de la gorge et les pics qui la dominent, de 3.167 p. a. = 950^{m}10 par mille (Kali Gandaka, 5.000 p. a. = 1.500 m., à 12 milles d'un pic de 24.000 p. a. = 7.200 m.) à 666 p. a. = 200 m. (Alaknanda à 6.000 p. a. = 1.800 m, à 30 milles d'un pic de 16.000 p. a. = 4.800 m.).

La proximité des pics élevés et des gorges profondes.

Elle a pour causes : 1° soit le contraste entre la résistance des pics granitiques et la faiblesse de leur flancs; 2° soit le fait qu'avant leur grande élévation actuelle, ces pics auraient condensé plus de neige et de pluies en glaciers plus considérables par leur pente, leur force d'érosion et leur volume : pour une proportion de courant double, la force de l'eau est 64 fois plus grande : le transport des blocs, l'érosion et la destruction des montagnes sont surtout l'effet des crues violentes; 3° soit que l'élévation d'une partie de la surface terrestre corresponde à la dépression des parties environnantes; 4° soit que la culmination des chaînes se produise aux flexions des bifurcations, et que les baies ou angles rentrants causés par celles-ci rendent ces points plus exposés à l'action des glaciers et des cours d'eau.

Les plus hauts sommets des chaînes tendent à se rencontrer sur les alignements transversaux des chaînes.

Les points les moins élevés des chaînes tendent à se rencontrer sur les alignements transversaux des chaînes.

La chaîne la plus élevée bordant un bassin fermé ou cuvette est généralement celle qui est traversée par le cours d'eau drainant ce bassin.

Le passage d'une rivière à travers la plus élevée des chaînes de montagnes qui flanquent son cours pourrait démontrer que cette chaîne est d'âge plus récent, et se trouvait inférieure aux chaînes parallèles qu'elle domine actuellement, si les gorges des rivières ont réellement été causées par le déversement de lacs anciens, contemporains de l'âge de cette chaîne, inférieure, à cette époque, aux chaînes voisines.

Les Gorges du grand Himalaya comparées à celles de la chaîne de Ladak.
Les Gorges du grand Himalaya comparées à celles du petit Himalaya.

Le nombre restreint des gorges ou défilés des rivières dans la chaîne intérieure et parallèle du petit Himalaya montre qu'une rivière, après avoir traversé une chaîne plus élevée, peut être arrêtée ou détournée, par une chaîne moins élevée que la première, durant l'époque même de la formation géologique de cette dernière.

29. Les Glaciers de la Haute-Asie.

Les glaciers ont eu une extension comparable aux régions polaires dans l'Himalaya et le sud du Thibet, descendant jusqu'à 4.700 p. a. = 1.410 m.

L'élévation de la grande chaîne n'a pas contribué seule à leur diminution, en arrêtant les précipitations atmosphériques, venant du Sud, sur les flancs des montagnes, car la diminution de l'étendue glaciaire est aussi marquée sur le flanc sud qu'au nord.

Trois époques glaciaires peuvent être reconnues dans la région de Kashmir et de Ladak.

La direction et la proportion des mouvements séculaires, les variations annuelles de la longueur des glaciers, et leurs rapports avec les conditions météorologiques, la nature de la glace, la position et les mouvements de bandes de boue glaciaire, la lamination, les directions des fentes et crevasses, les proportions des abrasions du lit des glaciers, sur le roc solide ou sur les débris instables des moraines, doivent être observés.

La proportion du courant de la glace variera suivant la pente du lit. Un glacier transversal, coulant à angle droit d'une chaîne, aura probablement une pente plus forte qu'un glacier longitudinal, ou occupant une cuvette entre deux chaînes latérales.

Les glaciers longitudinaux du Karakoram sont les courants de glaces les plus considérables de la terre, en dehors des régions polaires, leurs pentes sont plus douces que celles des glaciers transversaux. Leurs extrémités ou langues sont situées généralement à des altitudes plus grandes que celles des glaciers transversaux. Celui d'Hunza-Nagar ou de Hispar se termine à 10.500 p. a. ou 3.500 mètres; le glacier transversal de Rakaposhi à 8.000 p. a. = 2.400 m.; la raideur des pentes permet à celui-ci de porter ses glaces plus bas avant leur fonte.

La détermination des mouvements séculaires est plus facile à obtenir dans l'observation des premiers, à cause de la moindre influence des chutes accidentelles qui accroissent ou diminuent la longueur des autres.

Le glacier d'Inylchek, dans le Tian Shan, atteint 44 milles = 79^k,900^m; ceux de Biafo et d'Hispar, dans la cuvette ou dépression entre le Karakoram et le Kailas, 39 milles = 62^k,400^m et 25 milles = 40^k,000; plusieurs glaciers de la Haute-Asie dépassent 20 milles anglais = 32^k,000, longueur qui n'est atteinte par aucun des glaciers de l'Himalaya. Certains sont cotés ensemble, étant recouverts d'un seul névé en hiver, tel le Rupal. Dans le Népal inexploré, de grands glaciers couvrent les flancs du mont Everest et de Makalu. La moindre longueur prise dans le Kuen Lun atteint 6 milles anglais = 10 kilomètres.

Des quantités de poussières apportées par les vents de l'Inde, du Béloutchistan et de la Perse, décolorent les neiges et les glaces de l'Himalaya. Dans la région de Sikhim, de Kumaun et de Spiti, les glaciers ne descendent actuellement à 13.000 p. a. = 3.900 m. que rarement, si même le cas a été observé. Dans la chaîne du Karakoram, ils se trouvent fréquemment au niveau de 2.700 m., à cause de sa latitude plus élevée, et parce que l'élévation des grands pics et des crêtes neigeuses est plus abrupte au-dessus des glaciers. La distance horizontale entre les vallées et les champs de neige qui les alimentent de chaque versant est moindre, les talus des pentes sont plus raides, et les glaciers peuvent descendre plus bas avant d'être fondus. Quant aux glaciers longitudinaux, ils coulent sur des pentes plus douces, et à 10.000 p. a. = 3.000 m. des parties de glaciers résistent à l'action de la chaleur à cause de leur énorme volume de glaces.

Entre les vallées du Sutlej en Kanawar et les pics de Nun Kun du Kashmir les glaciers sont plus rares et moins étendus, mais ceux du versant nord dépassent invariablement ceux du versant sud. Dans le Punjab, plusieurs glaciers du nord atteignent plus de 11.000 p. a. = 3.300 m. ou de 12.000 p. a. = 3.600 m., mais le plus grand glacier du sud a une longueur de 10.000 p. a. = 3.000 m., bien que les chutes de neige soient plus abondantes. De semblables différences s'observent partout dans l'Himalaya; elles sont dues probablement à la plus grande chaleur solaire reçue par les versants méridionaux.

30. Les lacs du Thibet et du Turkestan.

Le bassin lacustre supérieur du Thibet est fermé, sans déversoir ni ligne de séparation des eaux entre les mers. Les bassins du Tarim (lacustre inférieur), du Tian Shan, des Pamirs, et de l'Himalaya lui sont inférieurs, mais les lacs de l'Asie centrale sont dépassés par les plus grands lacs de la terre.

Le Lac Supérieur mesure 30,000 milles anglais carrés de superficie, le lac d'Aral, 25,000 m. c.; les lacs Balkash et Baïkal, 9,000 et 10,000 m. c.; Issik Kul, dans le Tian Shan, a 20,000 m. c. de superficie; Koko Nor, en Thibet, 1,630 m. c. Le mille carré égale 1 kil. 609 mètres carrés.

Parmi les lacs du Thibet et du Turkestan, avec les grands lacs, ceux de 10,000 ou 15,000 m. c. ne sont pas comptés. Il existe peu de lacs importants dans le Karakoram et l'Himalaya.

Les longueurs des lacs varient de 250,000 m. a. $=$ 400 kil. à 4 m. a. $=$ 6,600^m; leur profondeur, de 756 p. a. $=$ 226^{m}80 à 6 p. a. $=$ 1^{m}80, et leur altitude, de 16,273 p. a. $=$ 4,884 m. (Montcalm) à 2,590 p. a. $=$ 774 m. (Lob Nor sud).

La surface connue du Thibet lacustre est de 14,000 milles carrés.

31. Sur l'origine des lacs.

Les principales causes de l'origine des lacs sont :

Le barrage de la vallée principale par les talus de déjections des affluents, précédé de l'élévation du lit de la rivière;

Le changement d'un cours d'eau en affluent principal d'un bassin et le barrage, par dépôt d'alluvions, au débouché de la vallée principale;

Le dépôt de matériaux d'alluvions, tel que les bhils ou jhils des plaines du Gange;

Le barrage d'une vallée par de vastes moraines descendues d'un glacier voisin;

Le creusement préalable d'un bassin de rocs par un glacier.

Les lacs de Kumaun et ceux des chaînes calcaires ont aussi pour origine, soit l'élévation d'une vallée terminale ou d'un plateau, soit des affouillements, ou des infiltrations des roches sous-jacentes amenant la dépression d'une région.

La salinité des lacs du Thibet est variable, et marque des oscillations de croissance et de diminution de la surface par l'évaporation, sans compter les plus ou moins grandes précipitations des vapeurs atmosphériques, qui peuvent dépendre d'une variation séculaire de l'altitude de la chaîne de l'Himalaya.

PARTIE IV

La Géologie de l'Himalaya.

32. Subdivisions géologiques de l'Himalaya.

(1) Zone extérieure ou sous-Himalayenne, composée de sédiments qui sont pour la plupart d'âge tertiaire.

(2) Zone centrale ou Himalayenne comprenant la plupart des chaînes connues sous le nom de petit Himalaya et la ligne des grands pics. Celle-ci est composée de granit et d'autres roches cristallines, ainsi que d'un groupe considérable de sédiments non fossilifères d'un âge inconnu.

(3) La zone du nord ou Thibétaine, située pour la plus grande partie en arrière de la ligne des grands pics (l'axe de la grande chaîne Himalayenne) et composée d'une série de sédiments très fossilifères, datant, comme âge, de l'époque du Cambrien jusqu'au Tertiaire.

33. La Zone Sous-Himalayenne.

Système Sous-Himalayen.
Série des Siwaliks.

Elle est composée de dépôts de dénudation sous-aérienne d'eau douce en conglomérats, montrant que les rivières actuelles les plus importantes sont anciennes; les étages inférieurs sont des sables et grès, des marnes ou argiles rouges, des marnes feuilletées et gypses; des fossiles se rapportant au Pliocène (faune terrestre) y sont abondants.

La Grande Faille commune limite ces dépôts au nord : elle représente une limite originaire de dépôts et d'accumulations, qui, d'après le principe de l'isostasie ou équilibre de la croûte terrestre, ont dû être compensés par l'élévation plus grande et croissante des régions dénudées par l'érosion. Les plis renversés des strates géologiques se font remarquer à cette limite le long de la majeure partie de la chaîne.

Série des Sirmur.

Elle est composée de grès et d'argiles rouges analogues aux dépôts d'eau douce des Siwaliks. Dans l'étage inférieur de Subathu, les Nummulites indiquent l'âge de l'Éocène jusqu'au Miocène inférieur. Ils sont situés en deçà de la faille principale et se rattachent, dans les chaînes du petit Himalaya, aux sédiments métamorphiques et non fossilifères de la zone centrale.

La série de Tal et les Gondwanas de l'Himalaya.

Grès, conglomérats, coquillier noir carbonifère avec plantes fossiles, inférieur; gravier, calcaire indigo, calcaire sableux avec fragments de fossiles marins, apparemment d'âge jurassique. Les Gondwanas de l'Himalaya oriental, du Népal à l'Assam, sont des grès, coquilliers et charbons avec quartzites, ardoises et schistes carbonacés : leurs dépôts houilliers sont inutilisables à cause de leur friabilité, résultat de la pression des lits. Les fossiles, trouvés dans le Darjeeling, de *Vertebraria* et de *Glossopteris* les rapprochent des gîtes carbonifères du Bengale et de la série Damuda des Gondwanas inférieurs de l'Inde, marquant l'extension nord-est du continent ancien de ce nom. A l'ouest, des couches de même âge se trouvent en Kashmir.

34. La Zone Himalayenne.

Elle forme la masse principale des Chaînes et des lignes des grands Pics.

Deux subdivisions : (1) Roches métamorphiques, granites, gneiss, schistes cristallins; (2) sédimentaires en fragments, tels qu'ardoises, quartzites, conglomérats et calcaires, ne renfermant aucun fossile.

Granit et schistes cristallins.

La bande de schistes cristallins se trouve surtout entre la zone Himalayenne de sédiments et les couches fossilifères de la zone Thibétaine : ce granit à gneiss est d'âge le plus récent, surtout métamorphique.

L'âge du granit paraît répondre à l'Éocène. Le granite précarbonifère de Spiti et de Kashmir, dans le Panjal, n'est pas proprement Himalayen.

Trois variétés de granit se succèdent, géologiquement, dans l'Himalaya : le granit avec biotite (mica noir) sans hornblende, qui forme presque tous les pics de la grande chaîne; le granit avec tourmaline noire (schörl) feldspar plagioclase et béryl, en bandes d'intrusion dans le premier, dont il représente peut-être une éruption postérieure; le granit à hornblende, à caractère différent des deux premiers, avec hornblende et sphène, le plus ancien des trois ; il se trouve présent dans la zone Thibétaine au nord, depuis le Brahmaputra en Assam jusqu'aux vallées de l'Indus et de l'Hindu Kush, et se rapporte, en Thibet, à l'âge du Crétacé Supérieur ou du Postcrétacé.

Le granit à biotite s'étend sur l'axe de l'Himalaya ou Grande Chaîne, au-delà de Bhutan à l'est, jusqu'à la Chamba à l'ouest, séparant l'ancien système sédimentaire de l'Himalaya de la zone Thibétaine.

Les schistes cristallins représentent les sédiments adjacents de l'Himalaya métamorphiques. Tels les schistes de kyanite et les micaschistes à grenats qui bordent le système fossilifère de la zone du Thibet dans la vallée du Sutlej en Kumaun.

En Kumaun et Garwhal, le système appelé Vaikrita paraît avoir la même origine. Plus à l'est, dans le Sikkim et l'Assam, la granulite à pyroxène, le gneiss graphitique à biotite, et le calcaire cristallin à rubis spinelle, ainsi que dans le Népal, se rapportent plutôt à l'Archéen, dans leur état avancé de métamorphisme. Ainsi l'axe même de la chaîne de l'Himalaya et ses embranchements sont formés en partie de roches représentant l'extension, au nord, du groupe le plus ancien de la péninsule de l'Inde, de la Birmanie à l'île de Ceylan, s'étendant vers l'ouest jusqu'à l'Afghanistan, et recouvertes de lits fossilifères plus récents.

Le Système Sédimentaire.

Système de Jaunsar, le plus ancien, composé d'ardoises et calcaires reposant sur des quartzites ; dans le Sirmur oriental et dans Garwhal, schistes rouges.

Calcaire de Déoban ; ardoises de Simla et système Carbonifère :

Série de Simla.

La série de Blaini, représentée par diverses couches géologiques en apparence correspondantes, et jusque dans l'Assam par des lits successifs de roches non fossilifères, indique deux périodes glaciaires : l'une précambrienne, l'autre prépermienne ou carbonifère ; mais surtout, elle est composée de roches archéennes probablement identiques, d'après les dernières recherches, à celles qui forment les anciens plateaux de l'Hindoustan central. La présence des blocs erratiques et glaciaires, sous le nom de tillites, dans l'Afrique du Sud et l'Australie, formant un ancien continent du Sud, laisse supposer que dans l'Inde, également, a pu se produire une époque glaciaire plus ancienne que les couches géologiques de Talchir.

35. La Zone Thibétaine.

Elle s'étend au nord de l'axe de la Grande Chaîne de l'Himalaya, à travers les chaînes de Ladak et de Zangskar, jusqu'au grand bassin lacustre du Thibet et peut-être jusqu'aux Kuen Lun. Une épaisseur de 20.000 p. a. = 6.000 mètres de sédiments, depuis le Cambrien jusqu'à l'Éocène, se trouve en contact, au sud, avec le granite de l'Himalaya qui en a pénétré et métamorphosé des éléments. La plupart sont d'origine marine, et ont été déposés au fond d'un Océan s'étendant de la Chine à la Méditerranée. Leurs fossiles ne présentent que des correspondances d'analogie avec ceux des âges de l'Europe géologique; leur continuité offre peu de lacunes, qui sont comblées par les témoins fossiles de cette dernière.

Zone Thibétaine dans Spiti et Kumaun.

Système de Haimanta (Cambrien et peut-être Précambrien).
Système de Muth (étages du Silurien au Dévonien.)
Système de Kanawar, Lipak et Dothak en Thibet (Carbonifère).
Système de Kuling (Permien).
Système de Lilang (Trias au Muschelkalk).
Calcaire de Kioto (Triassique au Jurassique).
Chaînes du Zangskar jusqu'à l'ouest du Népal, plus de 2.000 p. a. de calcaire. — Mêmes fossiles que ceux des Alpes à l'époque triasique.

Ardoises de Spiti.
Séries de Guimal et de Chikkim.
Classification des systèmes Aryen et Dravidien de la zone Thibétaine en Spiti et Kumaun.

La mer ou Téthys se retire graduellement au nord; les derniers dépôts en Ladak, Ngari Khorsum et le Thibet central datent de la fin de l'Éocène, suivis d'activité volcanique considérable.

Les « Blocs exotiques » de Malla Johar.

Frontière indo-thibétaine de Kumaun et dans Ngari Khorsum ou Hundes : blocs détachés de calcaire et autres rocs; argiles, grès et Flysch, probablement d'âge Crétacé, sur les crêtes de la chaîne de Zangskar, avec andésites et rocs basiques : faciès paléozoïque et mésozoïque différent de précédente série : transportés par action volcanique.

La Zone Thibétaine de l'Himalaya oriental.

Le groupe Dravidien diffère en Spiti et Kumaun par l'absence des conglomérats du Haimanta, et du calcaire corallien, base du Muth, d'une part, et la présence des couches du Kanawar, dans la région inférieure de Spiti. Le groupe Aryen est moins épais, système du Lilang, ou Trias, dans Kumaun et vers le Népal. Au nord de Sikkim et Bhutan, larges dépôts jurassiques jusqu'au-delà de Lhasa, calcaires des chaînes de Lhonak et de la plaine de Phari, et le système de Kampa consiste en calcaire et argiles d'âge Crétacé ou Tertiaire. Il y a, en outre, les blocs Permo-Carbonifères du Subansiri en Assam. Les roches mésozoïques sont probablement continues jusqu'à la gorge du Brahmapoutra.

Kashmir et l'Himalaya occidental.

Zone cristalline de Ladak et Rudok, et du Zangskar; de l'Afghanistan aux sources du Brahmapoutra; au sud-ouest, prolongement du Dhauladhar, du Chamba et du Pir Panjal : embranchement depuis le Sutlej. Zone sédimentaire intermédiaire; dans le système du Pir Panjal, recouverte de basaltes et roches volcaniques; dans le Kashmir occidental, non volcanique, Grand Calcaire et couches précambriennes à la base; les premiers sont de l'âge du Carbonifère ou Dévonien; le système supérieur du Zangskar, dans les deux régions, répond à la série de Spiti et de Kumaun.

Dans le nord du Kashmir, les couches de Zewan renferment des fossiles semblables à ceux des Gondwanas inférieurs de l'Inde. Ces couches sont du Carbonifère moyen et supérieur jusqu'au Trias, et marquent un relèvement continental de cet âge. Le rivage de la Téthys se trouve probablement dans cette région; le Kashmir nord-oriental, voisin des éruptions volcaniques de Panjal, était continental ou archipel; à l'ouest, la mer triassique et jurassique s'étendait comme au nord et nord-est.

Les roches tertiaires de la vallée de l'Indus, distinctes de la zone sous-Himalayenne, mélangées de roches volcaniques avec les dépôts de Nummulites Éocènes, indiquent les derniers bouleversements terrestres qui accompagnèrent l'élévation continentale et définitive de l'Himalaya.

Hazara.

La zone sous-Himalayenne est en contact avec la zone Thibétaine; comme elle, et avec la chaîne du Salt dans le Punjab, l'alignement, de S.-E.-N.-O., devient N.-E.-S.-O., et la série Thibétaine recouvre des couches géologiques appartenant à l'Infra-Trias et à la série dite d'Ardoises, continuation des sédiments non fossilifères de l'Himalaya. Au nord et nord-ouest de cette région, une large zone granitique et cristalline, semblable en éléments à l'Himalaya central, est accompagnée au sud de schistes et de gneiss, représentant soit l'Archéen, soit des sédiments métamorphiques. Au nord de Hazara et de Kashmir (Baltistan), des roches anciennes et dévoniennes se dirigent vers le nord-est, correspondant peut-être aux couches fossilifères du petit Pamir (Wakkhan) et de Yarkand, et formant trait d'union entre la zone Thibétaine de l'Himalaya et les roches sédimentaires du Tian Shan.

Afghanistan.

Double faciès stratigraphique, séparé par le Koh-i-Baba et les Paghmans : calcaires cristallins et métamorphiques au sud, analogues à l'Archéen de l'Hindoustan, recouverts d'un lit marin, calcaire, représentant une partie de la zone du Thibet. Au nord, surtout de l'Hindu Kush, calcaires paléozoïques et roches volcaniques anciennes et triasiques ; au-dessus, dépôts d'eau douce et plantes fossiles jurassiques, ressemblant aux dépôts du Turkestan russe, plutôt qu'au Mésozoïque de l'Himalaya. Ces régions constituaient donc le rivage sud-ouest de la Téthys, à ces époques géologiques. Au-dessus de cette série, se trouvent des conglomérats de grès en partie, puis des calcaires du Crétacé Supérieur, s'étendant sur tout le nord de l'Afghanistan, et marquant une nouvelle extension considérable de la mer, de courte durée : les anciens rocs tertiaires renferment du gypse et des rochers de sel gemme. Puis apparaissent, les plantes et mollusques terrestres et les vallées de l'Est sont formées de sables et de roches roulées analogues à ceux des Siwaliks.

36. Histoire passée de la Région de l'Himalaya.

La mer de Purana ou Archéenne couvrait une grande partie de la Péninsule ainsi que le Petit Himalaya, et peut-être se trouvait limitée au nord par le continent Thibétain ; elle paraît s'être étendue jusqu'à la Chine : série de Blaini peut-être analogue ; blocs glaciaires à la base du Cambrien. Deux périodes volcaniques : l'une à la fin de la période de Jaunsar : laves et cendres, émergence, puis dépression marine ; dépôt du Calcaire de Déoban. Seconde période volcanique de l'ère de Purana, pendant les dépôts de l'âge Carbonifère, de longue durée : cendres et basaltes.

Ère Dravidienne, qui se divise en plusieurs périodes géologiques, depuis la période de Haimanta, jusqu'aux bouleversements du Paléozoïque inférieur caractérisés par les dépôts de blocs glaciaires de Talchir dans la Péninsule et les éruptions volcaniques de Kashmir.

La mer Cambrienne s'étendait encore à la chaîne du Salt dans le Punjab jusqu'au nord de l'Himalaya actuel : à l'ouest, jusqu'à l'Afghanistan ; mais ses fossiles sont différents de la mer Cambrienne d'Europe ; ils sont plutôt voisins de ceux de la Chine et de l'Amérique du Nord, probablement en communication à cette époque. Vers la fin de cette période, le rivage de la mer recule au nord, pour une courte durée, dans l'Himalaya, mais le Salt Range n'offre plus de dépôts cambriens ou antérieurs à ceux de Talchir.

La période suivante du Muth, ou Silurien, est marquée par une grande extension, vers l'ouest, de la mer de l'Asie centrale, jusqu'à la mer paléozoïque d'Europe. Les fossiles siluriens, dévoniens et carbonifères ressemblent à ceux de l'Europe avec des espèces communes. La mer dévonienne couvrait le nord de l'Himalaya, la Birmanie, le Thibet sud-oriental et la Chine; à l'ouest, Kashmir et l'Hindu Kush; au nord, le Pamir et le Tian Shan.

Durant le Muth, l'Inde fait partie définitivement du continent des Gondwanas avec les fossiles houillers caractérisés des *Glossopteris* et *Gangamopteris*. Au-dessous, existent les lits de blocs roulés ou de tillite, appelés Talchir, d'âge glaciaire certain; mais ces dépôts, qui présentent un faciès continental dans la Péninsule de l'Inde, sont mélangés à des dépôts marins dans le Salt Range; ils sont semblables aux roches découvertes de Rajputana, dont les glaciers se déversèrent au nord dans la mer du Salt Range, bras méridional de la Téthys.

Pendant le même temps, Kashmir était soulevé par les violentes éruptions volcaniques du Panjal, en partie interstratifiées avec les dépôts marins peu profonds, en partie sur les terres, peut-être, d'un archipel d'îles volcaniques.

La flore des Gondwanas, à la fin, avança dans le sud de Kashmir, à une époque continentale; mais la mer revint former les dépôts de Zewan, depuis le Trias inférieur jusqu'au début du Tertiaire. Dans la région de Spiti, la mer se retirait peu à peu au nord où se trouvent des dépôts d'estuaires ou terrestres, pendant le reste de l'époque Carbonifère; ensuite, une élévation considérable se produisit, et l'érosion put faire disparaître, pendant ce long intervalle géologique, plusieurs milliers de pieds de dépôts antérieurs, dans Spiti, Kumaun et Garwhal, jusqu'à ce que la mer recouvrit de nouveau l'Himalaya central dans cette région. Ces oscillations sont postérieures aux grandes éruptions de Kashmir.

Celles-ci sont contemporaines, pendant le milieu de l'âge Carbonifère, des changements de distribution des continents et des mers qui se manifestèrent dès cette époque sur d'autres points de la terre et qui commencent l'époque glaciaire de Gondwana dans l'Inde, l'Australie et le sud de l'Afrique. Les parties méridionales de l'Europe et de toute l'Asie en offrent des traces. Les plaines de Ngari Khorsum ont des dépôts semblables à ceux de Kumaun et du Salt Range; il paraît même que les couches ou dépôts paléozoïques s'étendaient au nord sur une grande partie du Thibet et de son bassin lacustre, montrant l'extension de la Téthys Dravidienne.

A la fin de cette ère, la Téthys Aryenne commença de reculer vers l'ouest : durant le Trias, la plus grande partie de la Chine devint continentale. Toutefois, la mer recouvrait l'Himalaya, comme l'Europe des Alpes; les espèces triasiques, fossiles et marines, sont souvent communes ou identiques. Au commencement du Trias, la chaîne du Salt, Hazara, Kashmir, l'Afghanistan oriental, en faisaient partie; puis la Chine, sauf au sud, devint continentale.

Pendant le Trias supérieur, le Salt Range devint aussi terre ferme, mais la mer s'étendait encore jusqu'au Bélouchistan, et de Kashmir, à travers le Pamir, jusqu'à Bokhara. L'Himalaya et Kashmir restèrent submergés pendant toute l'ère Mésozoïque.

Durant la période jurassique, la phase continentale s'accuse en Asie, et un vaste continent appelé Angaraland par Suess, se forme au nord, comparable aux Gondwanas du sud par ses dépôts d'eau douce et ses filons houillers. La Téthys communique avec la mer Mésozoïque d'Europe et le Thibet méridional est submergé. La mer s'étend encore une fois au Salt Range et par le Sud-Afghanistan et Bélouchistan à la Perse. Le Nord-Afghanistan devient terre ferme, portant une flore semblable à celle de l'Angara. Les mers de l'Himalaya et du Thibet diminuent de profondeur; leurs dépôts, comme les argiles de Spiti, alternent en sédiments détritaux mêlés à des éléments plus grossiers.

Le Crétacé supérieur représente une vaste transgression de la mer; à cette époque, la Méditerranée d'Europe était unie à la mer occidentale des Indes par le nord de l'Afrique et le nord-ouest de l'Inde; la mer Crétacée recouvrit les formations jurassiques, et s'étendit sur l'ouest du Thibet et les roches sédimentaires de la zone Thibétaine, sans avancer à l'est. Elle correspondit à un affaissement de cette partie de l'Asie, mais la limite de l'Inde et du Thibet porte seulement les traces du voisinage d'une ligne côtière maritime. Les tufs volcaniques de Ngari Khorsum révèlent la présence, à peu de distance, des volcans dont les éruptions amènent la grande époque d'élévation des montagnes qui a produit les chaînes puissantes de l'Himalaya.

La mer Crétacée, couvrant une grande partie du Thibet, s'étendait au sud jusqu'à la frontière nord de Sikkim; le plateau de Shillong était alors submergé sous l'Océan actuel de l'Inde orientale, qui à cette époque avait commencé de couvrir Gondwanaland, continent encore émergé, bien que diminué d'étendue, au commencement de la période Crétacée. Ce continent, durant la dernière époque, avait commencé à se diviser, et dans les temps du Crétacé supérieur (Sénonien) une connexion directe s'établit entre la mer du Nord africain et le Pacifique, par un détroit séparant l'Inde de Madagascar. Il est possible aussi que la dépression alluviale indo-gangétique ait été recouverte par la transgression de l'âge Crétacé, comme les dépôts de nummulites montrent la mer avançant au pied de l'Himalaya au sud-ouest jusqu'au méridien de Naini Tal, et dans les dépôts du Tal; à l'époque jurassique, antérieurement, un de ses bras s'étendit peut-être jusqu'à Garwhal. Les dépôts du Crétacé ont pu être enlevés par la dénudation, ou rester cachés par les dépôts d'alluvion. Peut-être l'Himalaya oriental a-t-il été une péninsule du continent Chinois, ou un isthme le reliant au Gondwanaland, si les couches crétacées d'un bras du Pacifique, en Birmanie et en Assam, ont été déposées dans le bassin de la mer du Thibet ; l'explication s'en trouverait dans l'exploration des bassins supérieurs du Brahmaputra, de Lohit et de l'Irrawaddy.

Plusieurs périodes d'activité volcanique se sont produites pendant les âges géologiques dans l'Himalaya; deux sont attribuées à l'âge de Purana, une autre au milieu de l'époque Carbonifère, une autre au Crétacé supérieur, dont les vastes éruptions de laves ont formé le plateau du Deccan. La mer, depuis cette époque, se retira constamment du Thibet et des régions adjacentes; à la fin de l'Éocène, malgré des oscillations en retour indiquées par des dépôts de nummulites transgressifs, dans le Kashmir, sur des dépôts d'eau douce, le Thibet et l'Himalaya étaient devenus terre ferme, et la mer de l'ouest rejetée dans Sind et le Béhouchistan. Cette dernière phase de l'histoire marine de l'Himalaya fut accompagnée d'une grande activité volcanique dans toute la région Indo-Thibétaine, qui se joignit aux bouleversements de la croûte terrestre pour produire l'Himalaya. La phase ignée commença par l'intrusion de masses de granit dans les dépôts de sédiments de la zone Thibétaine; puis eurent lieu des éruptions de laves basiques dans le nord de Ladak, Ngari Khorsum et le Thibet occidental; tandis que des dykes de basaltes et roches similaires étaient formés par l'injection du magma basique dans les fissures des sédiments et du granit.

Cette activité paraît avoir été remarquable surtout aux environs du lac Manasarowar, et peut-être doit-on lui attribuer le changement de direction du cours du Brahmaputra.

SOMMAIRE.

La mer de Purana, aux premiers âges, embrasse la région de l'Himalaya en même temps que la plus grande partie de l'Hindoustan : mais à la suite de l'élévation de cette région, la mer se retire au nord et y persiste depuis les premiers temps Cambriens jusqu'au milieu du Tertiaire : oscillations locales, éloignant et recouvrant de dépôts marins la terre récemment exposée à l'érosion. Ses rivages, au sud, n'ont jamais beaucoup changé, et la partie de l'Himalaya située du côté Indien de la ligne des grands pics peut être regardée comme ayant formé approximativement la côte nord du Gondwanaland. Il est donc probable que depuis les époques tout à fait primitives, la plus grande partie de l'Himalaya a été continentale.

Vers la fin de l'ère Mésozoïque, la mer transgressa ces limites de l'ouest et de l'est, et sépara en tout ou en partie la région de l'Himalaya et du Gondwanaland.

Ère de Purana.
Ère Dravidienne.
Ère Aryenne.

37. Age de l'Himalaya.

Rien ne prouve que l'Himalaya ait existé, en tant que chaîne élevée de montagnes, avant la dernière partie des temps Eocènes. Les mouvements terrestres produisant les plissements de l'époque Puranienne firent de sa région le rivage nord de Gondwana. Le Cambrien supérieur, cependant, montre des dépôts transgressifs de l'étage moyen Cambrien. Les dépôts plus récents reposent parallèlement à ceux du Carbonifère moyen; mais c'est seulement à l'époque Crétacée que commencent les plissements montagneux prolongés jusqu'aux temps moyens Tertiaires.

Les mouvements de la croûte terrestre, à l'époque Pliocène et Postpliocène, produisirent à la fois dans les Siwaliks et dans Ngari Khorsum au nord des dépôts analogues; au sud, les « duns » ou vallées étroites et longitudinales entre les collines des Siwaliks et les chaînes du petit Himalaya.

Les dépôts fossiles de Ngari Khorsum et les Karewas de la vallée de Kashmir, fluviatiles, ou seulement en partie lacustres, paraissent devoir être rapportés au Pléistocène, et indiquent la cessation de ces bouleversements depuis l'époque précédente.

Le système d'écoulement des eaux du Pliocène était déjà le même que celui de l'époque actuelle.

La topographie antérieure de l'Himalaya, avant l'âge du Pliocène et dans les âges anciens et moyens géologiques, a dû produire une direction opposée du système hydrographique. Une vallée, du moins, celle de l'Indus, présente des sédiments d'eau douce ou marins de l'époque Eocène, dont la partie supérieure a été enlevée par la dénudation, indiquant une vallée ancienne, dont les couches, élevées depuis, et creusées à une époque suivante, avaient un écoulement à peu près opposé de direction dans la Téthys du Nord.

Le mouvement d'élévation récente des Himalayas est indiqué (1) par les tremblements de terre; sa direction est aussi montrée (2) par la dessiccation progressive des lacs du Thibet et (3) par la rejuvénation des courants des rivières, qui consiste dans le creusement à nouveau d'un lit dans les dépôts d'alluvions inférieurs d'un cours d'eau, lorsque la région de son bassin supérieur, en s'élevant, augmente la pente du courant et sa force d'érosion sur les rives. Or, les anciens dépôts des rivières actuelles de l'Himalaya se trouvent à plusieurs centaines de pieds au-dessus du niveau actuel de leur lit d'étiage.

Ce mouvement a dû suivre une période de calme après le Pléistocène, tandis que les pentes rapides des rivières et la rejuvénation indiquée de leurs courants montrent le mouvement d'élévation présente ou récente dans l'Himalaya.

(1) Une preuve de l'élévation des grandes chaînes de l'Himalaya est donnée par

les nombreuses rivières méridionales dans les bassins du Gange, de la Tista et de Sind en Kashmir, qui ont capturé rapidement des portions considérables du bassin d'alimentation et des eaux de rivières thibétaines.

(2) Le même fait produit les vallées suspendues, qui protégées, d'une part, contre l'érosion des rivières principales, par un glacier récent, ont dû à l'élévation du massif sur le flanc duquel elles existaient, d'être plus vite absorbées par l'érosion sur le versant d'une rivière profonde, qui a changé la direction de l'écoulement de leurs eaux : telle l'érosion du Rathong Chu et du Draig Chu, affluents du grand Rangit, au sud-ouest du Kinchinjunga, qui ont pris dans son bassin une vallée supérieure, autrefois tributaire de la Tista, par l'effet de la surélévation du massif voisin.

(3) Cette élévation de la chaîne a été regardée comme l'une des causes de formation des gorges de l'Himalaya. Il existe deux théories : la première est que le système hydrographique de l'Himalaya fut établi avant que les chaînes, franchies actuellement par les cours d'eau, devinssent des axes d'élévation déterminée; celle-ci s'est produite assez lentement pour que la rivière, sans altérer son cours, creusât dans la chaîne, par abrasion, un défilé profond; la deuxième théorie suppose que les rivières, barrées par l'élévation des chaînes, formèrent des lacs, dont les eaux débordèrent en creusant les gorges.

Les montagnes récentes du Bélouchistan ont pu servir de terme de comparaison à celles de l'Himalaya, pour prouver que la première hypothèse est fondée en fait : d'ailleurs, le plissement structural formant la double vallée de l'Indus et du Brahmapoutra, et l'antécédence ou ancienneté des rivières de la zone des Siwaliks, en sont des exemples.

La seconde théorie paraît difficilement applicable aux vallées connues : le déversement des lacs n'y forme pas de défilés étroits ou gorges : d'ailleurs, l'eau sortant d'un lac, non chargée de sédiments, n'aurait pas de force d'érosion, et la dénudation atmosphérique accompagnant le creusement de son chenal rendrait le profil de sa pente modéré, non rapide. En outre, on devrait trouver dans les bassins au-dessus des gorges la trace de dépôts lacustres. Or, les Karewas de Kashmir et les dépôts pléistocènes du Sutlej supérieur ne sont que fluviatiles ou en partie lacustres.

D'autre part, des bassins semblables, renfermant même des lacs, se trouvent au-dessus des gorges dans des chaînes de montagnes nombreuses de la terre. Mais il est possible de prouver que, dans tous ces cas, la dureté des rocs barrant le cours de la rivière a causé leur formation. Ainsi le cours supérieur du Sutlej fut arrêté par le granite de l'Himalaya, et l'érosion de la rivière élargit son bassin, en créant au-dessous de l'obstacle une gorge de rapides. Mais le développement de ces bassins, au-dessus des chaînes, s'est fait concurremment avec le creusement des gorges, qui n'en furent pas la conséquence.

Toutefois, l'une et l'autre théorie doivent être réservées pour l'époque où le régime des rivières de l'Himalaya sera connu comme il l'est déjà dans la vallée du Sind, en Kashmir, et en Sikkim.

38. La Géologie économique de l'Himalaya.

La région de l'Himalaya renferme peu de minéraux ayant une valeur économique : les carrières de sel et d'ardoises dans le district de Kangra, et les mines de saphir de Kashmir. Les autres minéraux qui s'y trouvent sont : le borax, le charbon, l'or, le gypse, le soufre, et des minerais d'antimoine, d'arsenic, de cuivre, de fer et de plomb.

www.ingramcontent.com/pod-product-compliance
Lightning Source LLC
Chambersburg PA
CBHW060952050426
42453CB00009B/1175